¿Cuáles son las ramas de la democracia?

Ann H. Matzke

Rourke Educational Media
rourkeeducationalmedia.com

Scan for Related Titles and Teacher Resources

www.rourkeeducationalmedia.com

PHOTO CREDITS: Cover: © t_kimura, Diana Walters, Alan Crosthwaite; Title Page, Page 11: © Lawrence Jackson; Page 3: © GYI NSEA; Page 4: © Library of Congress; Page 5: © Royce DeGrie; Page 6: © Shane Obrien, iconeer; Page 7: © iconeer; Page 8, 12, 13, 17, 18, 19: © AP Images; Page 9: © Jeremy Edwards; Page 10: © U.S. Senate, 111th Congress, Senate Photo Studio; Page 14: © Wikipedia; Page 15: © WilliamSherman; Page 16: © ihsanyildizli; Page 20, 21: © Gene Chutka;

Edited by: Precious McKenzie
Traducido y editado por Danay Rodríguez.

Cover design by: Tara Raymo
Interior design by: Renee Brady

41814

Library of Congress PCN Data

¿Cuáles son las ramas de la democracia?/Ann H. Matzke
(El Pequeño Mundo de Estudios Sociales)
ISBN 978-1-61810-146-4 (hard cover) (alk. paper)
ISBN 978-1-61810-279-9 (soft cover)
ISBN 978-1-61810-404-5 (e-Book)
ISBN 978-1-63430-143-5 (hard cover - spanish)
ISBN 978-1-63430-169-5 (soft cover - spanish)
ISBN 978-1-63430-195-4 (e-Book - spanish)
Library of Congress Control Number: 2014953713

Rourke Educational Media
Printed in the United States of America,
North Mankato, Minnesota

Rourke
Educational Media

rourkeeducationalmedia.com
customerservice@rourkeeducationalmedia.com • PO Box 643328 Vero Beach, Florida 32964

En los Estados Unidos, nosotros **elegimos** a las personas que van a dirigir nuestro gobierno y a elaborar nuestras **leyes**. Este tipo de gobierno se llama democracia.

La Constitución establece las reglas para nuestro gobierno y describe los **derechos** y las libertades de los ciudadanos.

George Washington fue un delegado del Congreso Continental.

Datos de una Democracia

En 1787, cincuenta y cinco delegados fueron llamados al Congreso Continental, se reunieron para escribir la Constitución de los Estados Unidos.

La Constitución divide nuestro gobierno en tres partes o ramas.

Tres ramas del Gobierno

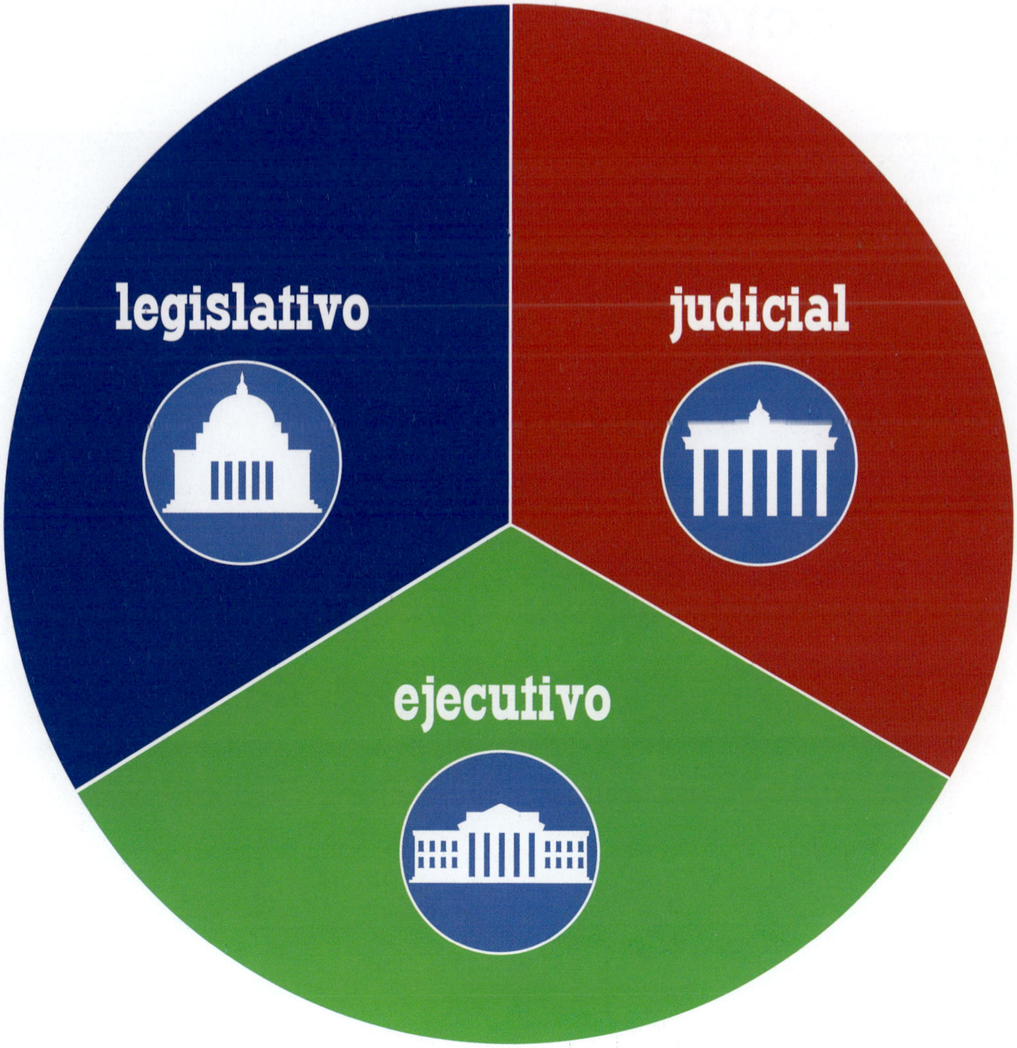

El Congreso es el órgano legislativo que elabora las leyes.

El Congreso de los Estados Unidos

El Congreso se reúne en el edificio del Capitolio para elaborar las leyes de la nación.

El Congreso está compuesto por el Senado y la Cámara de Representantes. Cada grupo ayuda a escribir y votar por las leyes.

El Senado de los Estados Unidos

Datos de una Democracia

En los Estados Unidos hay 435 representantes en la Cámara de Representantes y 100 senadores en el Senado. Los representantes se determinan proporcionalmente a la población. Sin embargo, cada estado tiene solamente 2 senadores.

Datos de una Democracia

La elección presidencial se lleva a cabo en noviembre cada cuatro años. Un presidente puede ser reelegido para un segundo mandato.

El Presidente es el jefe del poder ejecutivo y quien aprueba las leyes.

El Presidente está a cargo de las **fuerzas armadas**, que mantienen a nuestro país seguro.

Ejército

Marina

Fuerza Aérea

Cuerpo de Marines

Guardia Costera

Datos de una Democracia

Las fuerzas armadas son: el Ejército, la Marina, la Fuerza Aérea, el Cuerpo de Marines y la Guardia Costera.

Nuestro **sistema judicial** es parte de la rama judicial, la cual se asegura de que las leyes sean correctas y que se utilicen correctamente.

El Tribunal Supremo de los Estados Unidos

Datos de una Democracia

Pocos casos llegan al Máximo Tribunal. La Corte Suprema tiene nueve miembros llamados jueces.

Datos de una Democracia

Cuando el Congreso aprueba una ley nueva el Presidente la debe firmar.

Cada rama es parte de un sistema de controles y contrapesos para que ninguna rama tenga demasiado poder.

Nuestras tres ramas del gobierno protegen nuestros derechos como pueblo libre de los Estados Unidos.

Monumento a Lincoln, Washington, D.C.

Glosario Ilustrado

derechos: Algo que la ley dice que usted puede tener o hacer.

elegidos: Escoger a alguien o decidir algo por votación.

fuerzas armadas: Las diferentes fuerzas militares que sirven a nuestro país.

leyes: La reglamentación establecida por el gobierno que debe ser obedecida.

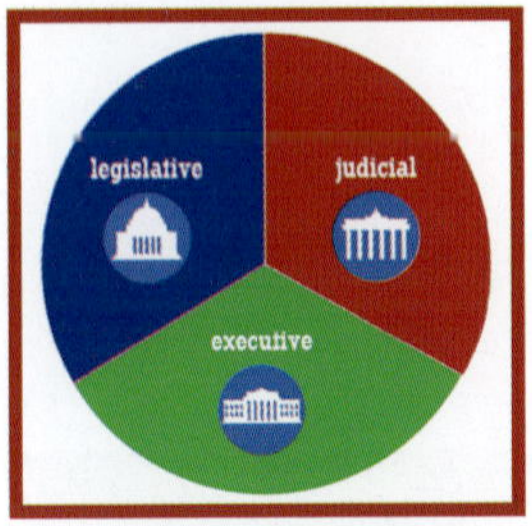

sistema: Forma ordenada de hacer algo.

tribunal: Lugar donde los casos legales son escuchados y resueltos.

Índice

Congreso 4, 5, 8-10, 18
Constitución 4-6
gobierno 3, 4, 6, 20
leyes 3, 8-10, 12, 16
presidente 12, 14, 18
rama(s) 6, 7, 16, 18, 20

Sitios Web

pbskids.org/democracy/govandme

kids.clerk.house.gov

www.congressforkids.net

Acerca del autor

Ann H. Matzke es una bibliotecaria para niños. Ella tiene una Maestría en Escritura para Niños y Jóvenes de la Universidad de Hamline. Ann vive en con su familia en Gothenburg, Nebraska. Nebraska es el único estado cuya legislatura es unicameral. A Ann le gusta viajar, leer y escribir libros para niños.